AF221355

Hurghada lieben lernen

Der perfekte Reiseführer für einen unvergesslichen Aufenthalt in Hurghada inkl. Insider-Tipps, Tipps zum Geldsparen und Packliste

Anita Brauer

Alle Ratschläge in diesem Buch wurden sorgfältig erwogen und geprüft. Eine Garantie kann dennoch nicht übernommen werden. Eine Haftung für jegliche Personen-, Sach- und Vermögensschäden ist daher ausgeschlossen. Die Benutzung dieses Buches und die Umsetzung der darin enthaltenen Informationen erfolgt ausdrücklich auf eigenes Risiko.

✈ INHALT

Einleitung

Hurghada ist die beliebteste Urlaubsregion am Roten Meer. In diesem Ratgeber erhalten Sie Tipps und Insiderwissen über alles, was Sie für Ihren Urlaub wissen müssen. Erfahren Sie, welche Hotels besonders beliebt sind, was Sie auf den Ausflügen erwartet, welche Essgewohnheiten es in Ägypten gibt, wo Sie am besten Shoppen gehen können und wie Sie bei alldem auch noch Geld sparen! Wir stellen die beliebte Hotelkette Pickalbatros mit den Tophotels Dana Beach, Alf Leila Wa Leila und dem Jungle Aqua Park vor. Hier erfahren Sie alles über das Rote Meer und seine Gefahren, das

Klima und Wetter in Ägypten und wie man am besten und günstigsten seinen wohlverdienten Urlaub in Hurghada verbringt. Ob Sie allein, zu zweit oder mit der Familie nach Hurghada reisen möchten, die zahlreichen Praxis- und Insidertipps in diesem Ratgeber können Ihnen zu einem unvergesslichen Urlaub verhelfen! Es ist auch kein Problem, als Frau allein den Urlaub in Hurghada zu verbringen. Lassen Sie sich inspirieren!

Die Geschichte Ägyptens

Ägypten hat eine lange Geschichte. Die des Alten Ägyptens reicht vom 4. Jahrtausend vor Christus bis 395 nach Christus. Damit gehört diese Kultur zu den ältesten der Welt. Viele der Erzeugnisse aus dieser Zeit sind so gut erhalten, dass man sie bis heute bestaunen kann. Die bekanntesten sind die zahlreichen Tempel, die quer durch Ägypten verteilt liegen, wie z.B. der Totentempel der Hatschepsut oder der Tempel von Abu Simbel. Auch Gräber wie das Tal der Könige und natürlich die großen Pyramiden von Gizeh, die in der Nähe von Kairo stehen, kann man auch heutzutage noch bewundern. Zudem bieten zahlreiche Museen die Möglichkeit, viele Überbleibsel dieser Zeit zu besichtigen, z.B. die Sarkophage der Pharaonen, die damals wie Götter verehrt wurden, Grabbeigaben und Schmuck. Selbst echte Mumien kann man dort bestaunen. Das sind Leichen, die beispielsweise mithilfe von Baumharz konserviert wurden, um sie vor der Verwesung zu schützen.

Die ägyptische Geschichte lässt sich grob in vier Abschnitte einteilen. Im Alten Reich entstanden unter anderem 88 Pyramiden, außerdem zahlreiche Tempelanlagen und Grabstätten. In dieser Zeit regierten unter anderem die Cheops, die Chefren und die Mykerinos, denen wir die drei großen Pyramiden von Gizeh zu verdanken haben. Zu dieser Zeit begann auch die Verehrung der Sonne, die in der Mythologie vom höchsten Gott Re über den Horizont gezogen wird. Die Sonne war bereits damals ein wichtiger Energieträger und könnte zukünftig noch wichtiger werden. Das Land arbeitet schon lange daran, große Solarkraftwerke zu bauen, um seinen Energiebedarf auf diese Weise zu decken.

Im Mittleren Reich (etwa 2137 bis 1781 vor Christus) wurden der Norden und Süden Ägyptens wieder vereint. In dieser Zeit entstanden viele der Tempel, die man heute in Luxor bewundern kann, wie zum Beispiel den Tempel von Karnak. Nachdem die Hyksos, damals ausländische Machthaber in Ägypten, nach etwa 108 Jahren Herrschaft aus dem Land vertrieben wurden, begann das Neue Reich (etwa 1550 bis 1070 vor Christus). Es wurden keine Pyramiden mehr gebaut und die Gräber versteckt, um sich vor Angriffen und Plünderungen von fremden Herrschern zu schützen. Stattdessen vergrub man seine Pharaonen nun tief in Felsen, im Tal der Könige beispielsweise, das erst 1922 entdeckt wurde. Dort wurde unter anderem Tutanchamun bestattet, einer der bekanntesten Pharaonen aus dem Neuen Reich. Auch Thutmosis, Echnaton, Nofretete, Hatschepsut sowie Ramses I., II. und III. haben in dieser Zeit gelebt und wurden dort ebenfalls bestattet.

323 vor Christus begann die griechisch-römische Zeit, die etwa bis 395 nach Christus andauerte. In dieser Zeit wurde Ägypten durch Alexander den Großen erobert. Die bekanntesten Personen aus

dieser Epoche sind mitunter Kleopatra, Julius Cäsar und Marcus Antonius. 640/641 eroberten die Araber Ägypten und führten den Islam ein. Einige Jahrhunderte später nahmen die Osmanen das Land ein. In 1798 eroberte Napoleon Ägypten, wurde jedoch 1801 von den Briten zum Rückzug gezwungen. Im Jahre 1805 ergriff schließlich Muhammed Ali die Macht, seine Dynastie bis 1953 dauerte. Währenddessen wurde Ägypten 1922 zum Königreich.

Der Nil spielte von Beginn an eine große und wichtige Rolle für die Wirtschaft und die Kultur der Ägypter. Der längste Fluss der Welt misst eine Länge von 6650 Kilometern und hat ein Flussgebiet von 2.870.000 Quadratkilometern. Er entspringt im heutigen Ruanda und in Burundi, durchfließt Tansania, Uganda, den Südsudan, Sudan und Ägypten, bevor er ins Mittelmeer mündet. Der Nil hat zwei Quellen: den Blauen und den Weißen Nil. Der Blaue Nil ist reich an Mineralien und war früher der Hauptlieferant der Nilschwemme (periodisch auftretende Hochwasser).

Diese spielte eine große Rolle in der Landwirtschaft der Ägypter. Von Juli bis Oktober lagerte sich der fruchtbare Nilschlamm im Niltal ab. Die genaue

Zeit und die Masse des Schlammes hingen von der Regenzeit im Hochland in Äthiopien ab, woher das Wasser kam. Die Unregelmäßigkeit der Nilschwemme führte zu einem verstärkten Götterglauben und einigen Mythen rund um den Nil. Die Ägypter verehrten die Götter und baten diese um gute Erträge. Wenig Hochwasser und Schlamm wurden als Strafe der Götter für schlechtes Verhalten angesehen. Seit dem Bau des Assuan-Staudamms in den Jahren 1960 bis 1971 gibt es diese Hochwasserschwankungen nicht mehr.

Der Nil bescherte den Ägyptern inmitten der ansonsten von Wüste durchzogenen Landschaft Wasser und er machte die 34.000 Quadratkilometer Anbaufläche zum fruchtbarsten Gebiet der Erde. Es entstanden viele Dörfer am Nil, auch wenn die Flut die Häuser in unmittelbarer Nähe immer wieder zerstörte. Auch viele Tiere siedelten sich durch den Fluss in Ägypten an: Fische, Vögel, Nilpferde und Krokodile sind im Nil heimisch. Letzteren wurden sogar göttliche Eigenschaften zugesprochen. Für sie erschufen die Ägypter den Krokodilgott Sobek und verehrten ihn.

Aber der Nil brachte den Ägyptern noch mehr.

Er diente als wichtiger Verkehrsweg, da er ein großes Gebiet verschiedener Dörfer und Völker miteinander verband. Sie wuschen ihre Wäsche im Wasser, nutzen es zum Trinken und Kochen, fischten und gerbten Felle darin. Damit war der Nil Nahrungs- und Einnahmequelle. Er brachte Leben in die weiten Wüsten Nordostafrikas.

Sogar die Jahreszeiten, von denen die Ägypter nur drei kannten, richteten sich nach dem Nil. Die erste Jahreszeit war die Zeit der Überschwemmung von Mitte Juni bis Mitte September. Bis heute wird diese Zeit gefeiert. Anschließend gab es bis Mitte März die Zeit der Aussaat und schließlich folgte die Ernte, wenn der Wasserstand des Flusses am niedrigsten war. Die Monate hingegen richteten sich nach dem Mond und dauerten 29 oder 30 Tage. Generell waren die Ägypter sehr weit in Mathematik und Astronomie und hatten dadurch großen Einfluss auf die griechischen Mathematiker. Das kann man beispielsweise am Tempel von Abu Simbel am Nassersee erkennen. Zwei Mal im Jahr, um den 21. Februar und den 21. Oktober, steht die Sonne genau im richtigen Winkel, um 65 Meter tief in den Tempel auf die Götterstatuen im Inneren zu scheinen.

Während das Land Ägypten schon mehrere Tausend Jahre alt ist, entstand Hurghada erst innerhalb der letzten einhundert Jahre. Um 1900 bestand die Stadt lediglich aus ein paar Fischerhütten. Erst 1931 wurde der Name offiziell in die Bücher eingetragen und es wurde ein Militärflughafen gebaut. Der Name bedeutet übersetzt „Bootssteg" und geht auf die Geschichte als kleines Fischerdorf zurück. Einen Hafen gab es damals nicht. In den 80er-Jahren investierten amerikanische, britische und arabische Investoren, um Hurghada zu der Touristenhochburg am Roten Meer zu machen, die die Stadt heute ist. Es gibt mittlerweile über 280 Hotels, die sich über eine Strecke von 50 km am Strand erstrecken. Dadurch ist die Stadt nicht natürlich entstanden, sondern künstlich geschaffen worden.

Hurghada für Einsteiger

DIE EINWOHNER

Von den 160.000 Einwohnern hält sich die Mehrheit nur in Hurghada auf, um in der Tourismusbranche zu arbeiten. Der Großteil dieser Menschen sind Männer, die für mehrere Monate in die Stadt kommen, viele Stunden am Tag arbeiten und in kleinen Baracken schlafen. Auf diese Weise verdienen sie Geld für ihre Familien, die meist in anderen großen Städten wie Kairo leben. Nur während ihres Urlaubs kehren sie für einige Wochen zu ihnen zurück.

DIE STADTTEILE

Hurghada liegt am Roten Meer und besteht aus drei Stadtteilen. Ad-Dahar ist der ursprüngliche Ortskern, der nicht so stark vom Tourismus geprägt wurde wie die anderen beiden Teile. Die ägyptische Kultur, ortstypisches Essen und auch der altertümliche Bazar befinden sich in diesem Teil der Stadt. Sekalla ist ein kleines Hotelviertel, das südlich von Ad-Dahar liegt. Noch weiter südlich befindet sich der Küstenstreifen Resort Strip, in dem zahlreiche Hotels und Resorts gelegen sind.

DIE ANREISE

Die Anreise „nur" für einen Badeurlaub in Hurghada erfolgt üblicherweise mit dem Flugzeug. Der Flug dauert zwischen 4,5 und 5,5 Stunden. Viele Rundreisende und Teilnehmer von Nilkreuzfahrten verweilen nach ihrer Tour noch für ein oder zwei Wochen Badeurlaub in Hurghada. Sollte dies auch für Sie infrage kommen, erwartet Sie entweder noch ein kurzer Inlandsflug oder eine mehrstündige Busfahrt. Beachten sollte man bei seiner Anreise, dass man auf dem letzten Drittel des Fluges bereits die Visakarten ausfüllen muss, wofür man einen Stift dabeihaben sollte. Nach der Landung bezahlt man seine Visagebühr entweder an den Bankschaltern direkt im Flughafengebäude oder an den Schaltern der Reiseveranstalter. Es ist zu empfehlen, zum Bankschalter zu gehen, da man hier einige Euro spart.

Der Flughafen ist von den beliebtesten Hotels ungefähr 20 Minuten entfernt. Von nahezu allen Hotels aus kann man die startenden und landenden Flugzeuge am Himmel sehen. Je näher sich das Hotel am Flughafen befindet, desto mehr muss man daher mit Fluglärm rechnen. Teilweise landen und starten Flugzeuge im Abstand von nur wenigen Minuten. Dies sollten Sie bei Ihrer Buchung berücksichtigen.

Während der kurzen Fahrt mit dem Reisebus zum Hotel informieren die Reiseleiter bereits über die wichtigsten Dinge, beispielsweise, dass man das Wasser aus den Wasserhähnen nicht trinken soll. Sie verteilen auch Einladungen für das Begrüßungstreffen am nächsten Tag, bei dem dann über zahlreiche Ausflugsmöglichkeiten inner- und außerhalb von Hurghada informiert wird. Nach dem Einchecken im Hotel geht der Urlaub dann so richtig los. Das Gepäck bringen zumeist Angestellte aufs Zimmer.

Zoll

Für die Einreise nach Ägypten benötigt man einen gültigen Reisepass, der noch sechs Monate über den Aufenthalt hinaus gültig sein muss oder einen Personalausweis mit zwei biometrischen Passbildern. Einführen darf man maximal 200 Zigaretten oder 250 Gramm Tabak. Bei Alkohol sind ein Liter Hochprozentiges (über 22% Alkohol), zwei Liter mit weniger als 22% Alkohol oder vier Liter Weine, die nicht schäumen, erlaubt. Mitgebrachte Geschenke dürfen einen Wert von 200 US-Dollars nicht überschreiten und Bargeld nicht mehr als 1000 Ägyptische Pfund. Devisen dürfen bis zu einem Wert von 10.000 US-Dollar eingeführt werden. Möchte man mehr einführen, muss man dies beim Zoll anmelden. Selbstverständlich dürfen auch private Gegenstände wie Laptops, Kameras, Handys und Schmuck eingeführt werden. Es kann allerdings vorkommen, dass der Zoll diesbezüglich ein Vermerk macht. Dies dient der Sicherstellung, dass die Geräte nicht vor Ort verkauft werden. Über die Mitnahme von Medikamenten sollte man sich vorher informieren, da es strenge Regelungen zu Betäubungsmitteln gibt. Besondere Vorsicht gilt bei Schlaf- oder Schmerzmitteln, da diese das Bewusstsein verändern können. Wenn die Regeln nicht beachtet werden, kann man schlimmstenfalls dafür ins Gefängnis kommen. Daher ist es empfehlenswert, sich vor Beginn der Reise beim Auswärtigen Amt über die erlaubten Medikamente/Inhaltsstoffe zu informieren. Es sollte auch nur die Menge an Medikamenten eingeführt werden, die man wirklich für die Zeit des Aufenthaltes benötigt, am besten in der Originalverpackung und – wenn möglich – mit einem ärztlichen Attest in englischer Sprache.

Auch bei der Ausfuhr sollte man vorsichtig sein. Es gelten die gleichen Gesetze zu Alkohol und Tabak wie bei der Einreise. Zudem darf man auch bis zu 16 Litern Bier und 50 Zigarren oder 100 Zigarillos ausführen, wenn man keinen anderen Alkohol oder Tabak als Urlaubssouvenir dabei haben sollte. In beiden Fällen kann man sich die Waren aus den verschiedenen Warengruppen bis zur erlaubten Höchstmenge auch zusammenstellen. Man sollte die Belege über den Wert der Waren aufheben, da sich im Falle einer Überschreitung die Kosten nach diesen Belegen richten. Andernfalls schätzt der Zoll den Warenwert. Alle diese Bestimmungen gelten für

Personen ab 17 Jahren. Ab 16 Jahren darf man Souvenirs und Geschenke im Gesamtwert von maximal 430 Euro ausführen, für Personen bis 15 Jahren gilt ein Wert von 175 Euro.

WETTER UND KLIMA

Schon bei der Ankunft fällt einem die enorme Hitze und die im Gegensatz dazu geringe Luftfeuchtigkeit auf. Grundsätzlich ist in Hurghada das gesamte Jahr über Saison. Von April bis Oktober gibt es Temperaturen zwischen 32 °C bis 37 °C und Wassertemperaturen bis zu 30 °C. Im Winter ist es kühler, aber man kann dennoch ganzjährig baden. In Hurghada ist die Hitze aufgrund der niedrigen Luftfeuchtigkeit und des Windes, der durch die Lage am Meer stetig pustet, nicht ganz so deutlich zu spüren wie in Deutschland. Dennoch wird es vielen Menschen im Sommer bei Temperaturen über 40 °C doch zu heiß. Trotz der Hitze am Tag wird es vor allem im Winter und im Frühjahr abends noch etwas frisch, weshalb es sich empfiehlt, auch längere Kleidung mitzunehmen.

Die Sonnenstunden am Tag reichen von 8 Stunden im Winter bis hin zu 13 Stunden im

Hochsommer. Dadurch ist es zu jeder Jahreszeit unerlässlich, eine Sonnencreme mit hohem Lichtschutzfaktor zu verwenden. Trotz dieses Schutzes sollten empfindliche Urlauber nicht zu lange in der Sonne bleiben. Eine besondere Vorsicht gilt vor allem der Kopfhaut. In Ägypten sind Rastazöpfe sehr beliebt, wodurch ein Großteil der Kopfhaut durch die Haare offengelegt wird. Und dies ist bekanntlich ein Teil des Körpers, der Sonneneinstrahlung ohnehin nicht gewohnt ist. Hier kann es schnell zu schmerzhaften Sonnenbränden kommen, weswegen man unbedingt eine Kopfbedeckung tragen sollte, wenn man sich längere Zeit in der Sonne aufhält. Gerade bei Kindern ist darauf ganz besonders zu achten.

Regen ist in Ägypten eine absolute Seltenheit. Es regnet meist nicht mehr als drei Tage im Jahr und dann auch nicht länger als zwei Stunden. An diesen Tagen bekommen die Kinder in Hurghada sogar schulfrei. Selbst im Bereich der Mittelmeerküste und am Nildelta fallen selten mehr als 30 mm Niederschlag im regenreichsten Monat. Das ist etwa halb so viel Regen wie durchschnittlich pro Monat in Hamburg fällt. In anderen Regionen wie Kairo oder

Hurghada fallen ganzjährig weniger 30 mm Regen. Somit herrscht in Hurghada ein sogenanntes arides Klima (Wüstenklima), d.h. die Niederschläge sind geringer als die mögliche Verdunstung.

Ägypten liegt im nordafrikanischen Trocken-gürtel, weshalb in den meisten Teilen des Landes ein subtropisches Wüstenklima vorherrscht. Lediglich die Küstenregion im Norden am Mittelmeer, wo zum Beispiel Alexandria liegt, ist von mediterranem Klima geprägt. Am Roten Meer hingegen ist es sehr windig, wodurch man das heiße Wüstenklima nicht so stark merkt. Dadurch wird die Gefahr eines Son-nenbrandes, besonders am Strand, deutlich erhöht. Die meisten Hotels haben Windbrecher am Strand aufgestellt, um den Aufenthalt für die Gäste ange-nehmer zu gestalten.

Die Küste Hurghadas liegt in der Nähe der Giftun-Inseln des Roten Meeres und östlich der ara-bischen Wüste. Viele weitere Badeorte liegen quasi direkt nebenan: Makadi Bay, Safaga, Marsa Alam und El Gouna. All diese Orte gehören zum Gouvernement (Regierungsbezirk) al-Bahr al-ahmar, der sich na-hezu über die gesamte Küste erstreckt.

Da sich Ägypten östlich von Deutschland

befindet, liegt es in einer anderen Zeitzone. Die Uhren gehen hier nach deutscher Sommerzeit und im Winter ist Ägypten uns eine Stunde voraus. Bei einem Urlaub im Frühjahr oder Herbst geht die Zeitumstellung quasi im Flug (während des Fluges) an einem vorbei. So etwas gibt es in Ägypten nämlich nicht. Ein weiterer Unterschied zu Deutschland sind die Tageslängen. Da Ägypten südlicher liegt, schwanken die Tageslängen zwischen Sommer und Winter nicht so stark. Im Sommer geht die Sonne früher unter als in Deutschland, im Winter später.

RELIGION UND SITTEN

Ägypten ist ein größtenteils islamisch geprägtes Land. Der Anteil der Bewohner, die dem Christentum angehören, liegt bei ca. 10 – 15%, 90% der Einheimischen gehören dem sunnitischen Islam an. Einige Moscheen befinden sich in Hurghada auch in der Nähe der Hotels. Aus diesem Grund kann es vorkommen, dass man schon um fünf Uhr morgens von den Aufrufen zum Gebet geweckt wird. Der Muezzin ruft insgesamt fünf Mal am Tag von der Moschee aus zum Gebet auf. Die meisten Angestellten beten jedoch nicht während ihrer Arbeitszeit, sondern verschieben dies in ihre freie Zeit.

Homosexualität ist in Ägypten ein schwieriges Thema. Obwohl es laut Gesetz nicht ausdrücklich verboten ist, gibt es verschiedene Paragrafen zu Moral, Religion oder Unzucht, die Gerichte gegen homosexuelle Handlungen verwenden. Dadurch kann es zu Geld- oder Freiheitsstrafen kommen. Von Touristen sind aber nur Fälle bekannt, in denen es zwar zu einer Verhaftung mit anschließender Abschiebung kam, jedoch ohne strafrechtliche Verfolgung. In Hurghada muss man sich in dieser Hinsicht wenig Sorgen machen. Die Stadt ist künstlich für den Tourismus entstanden, wodurch europäische Werte weitestgehend akzeptiert werden. In den meisten Hotels ist Homosexualität kein Problem, außerhalb der Hotelanlage sollte man sich trotzdem lieber zurückhalten.

Als Tourist gibt es noch einige Sitten und Gesetze, an die man sich halten sollte. So sind zum Beispiel Moscheen, Tempel und andere Kulturstätten in angemessener Kleidung zu betreten, also nicht in Badesachen oder zu kurzen oder freizügigen Bekleidungsstücken. Teilweise müssen Frauen in

Moscheen ein Kopftuch tragen. Es ist auch eine Pflicht, die Schuhe auszuziehen. Wenn man sich aus den Touristenhochburgen herauswagt, sollte man zumindest seine Knie und Schultern bedecken. Doch auch im T-Shirt können Frauen in einigen konservativen Vierteln der Einheimischen schräg angesehen werden.

Mit dem Fotografieren sollte man in Ägypten vorsichtig sein und die Personen immer um Erlaubnis fragen, bevor man den Auslöser drückt. Einrichtungen und Fahrzeuge von Militär oder Polizei dürfen gar nicht fotografiert werden. Auch das Einführen und Verwenden von Drohnen steht unter Strafe.

VERKEHR

Wenn man in Hurghada das Hotel verlässt, um Dinge zu erledigen, kann man dies meist zu Fuß tun. Kleidungsgeschäfte, Supermärkte, Apotheken, etc. befinden sich in unmittelbarer Nähe zu den Hotels. Beim Überqueren der Straßen sollte man allerdings sehr vorsichtig sein, da es in Hurghada weder Ampeln noch Zebrastreifen gibt und der Fahrstil der meisten Fahrer für Deutsche etwas gewöhnungsbedürftig ist.

Meistens fahren drei bis vier Autos nebeneinander und sie hupen oft, um den anderen Verkehrsteilnehmern zu signalisieren, dass mehrere Autos nebeneinander fahren. Gegen die hohen Geschwindigkeiten gibt es an vielen Stellen Bremsschwellen auf den Straßen, vor allem in der Nähe von Hotels. Besondere Vorsicht gilt in den Abendstunden, denn viele Fahrer fahren in der Dämmerung ohne Licht. Wenn sie erkennen, dass jemand die Straße überquert, schalten sie das Licht kurz ein. Die Fortbewegung mit Kinderwagen oder Rollator kann an einigen Stellen schwierig werden, da die Bürgersteige nicht vergleichbar mit denen in Deutschland sind. Zudem sind diese auch noch relativ hoch, was das Überqueren der Straßen erschweren kann.

Wenn Sie jedoch weitere Strecken zurücklegen möchten oder es bequemer mögen, können Sie natürlich auch mit dem Taxi fahren. In Hurghada gibt es sehr viele Taxifahrer, die sich an zentralen Orten oder auch direkt vor dem Hotel positionieren. Auch beim Zurücklegen einer kurzen Fußstrecke kommt es oft vor, dass ein vorbeifahrendes Taxi hupt. Der Fahrer signalisiert einem auf diese Weise, dass man bei ihm mitfahren kann. Es ist unerlässlich, über den

Fahrpreis auf jeden Fall vor der Fahrt zu verhandeln. Es gibt keine Taxameter, wie man es aus Deutschland kennt. In vielen Fällen kann man den Preis durch Verhandlungsgeschick mindestens um die Hälfte verringern. Allerdings sprechen sich viele Taxifahrer untereinander ab, was die Verhandlung erschwert. Dennoch gibt es immer einzelne Fahrer, die einem ein besseres Angebot machen. Um diese zu finden, muss man allerdings mehrere Taxifahrer ansprechen und nach dem Preis fragen. Bei einem längeren Trip, beispielsweise nach Downtown, können Sie den Taxifahrer auch bitten, Sie zu einer bestimmten Uhrzeit wieder abzuholen. Der Fahrer wird garantiert pünktlich da sein. Bezahlt wird erst nach Ankunft am Hotel. Ein wichtiger Tipp: Man sollte erst aus dem Taxi aussteigen und dann den Taxifahrer bezahlen, da es leider schon vorgekommen ist, dass Taxifahrer in die Geldbörse greifen und sich selbst mehr Geld herausnehmen, als ihnen eigentlich zusteht.

Eine noch günstigere Alternative sind Sammeltaxen. Dies sind weiße Kleinbusse, mit denen die Einheimischen durch die Stadt fahren. Wenn man mitfahren möchte, stellt man sich mit erhobenem

Arm an den Straßenrand. Man bezahlt beim Fahrer und sagt, wann man aussteigen möchte. Das Sammeltaxi hält überall, da es in Hurghada keine Bushaltestellen gibt.

Bei vielen Einheimischen kann man auch beobachten, dass sie mit zu vielen Personen im Auto fahren. Da werden die Kinder dann einfach mal in den offenen Kofferraum gesetzt. Auch befremdlich für viele Deutsche sind die teils zahlreichen Dekorationen an der Windschutzscheibe. Ob Wimpel oder Aufkleber – bei den Ägyptern geht immer noch ein Teil mehr.

Die Pickalbatros Hotels

In Hurghada gibt es viele Apartments, die man mieten oder auch kaufen kann. Die meisten Besucher gehen jedoch in die zahlreichen Hotels, die von Frühstück bis All Inclusive alles anbieten. In den meisten Hotels ist All Inclusive der Standard. Dies ist auch zu empfehlen, da die Getränke sehr teuer sein können und man gerade in einem heißen Land wie Ägypten viel trinken sollte.

Ein Beispiel für eine großartige und sehr beliebte Hotelkette sind die Pickalbatros Hotels. Allein in Hurghada gibt es neun Hotels dieser Kette, die alle einen hohen Standard bieten, beispielsweise mit Sport und Unterhaltungsmöglichkeiten. Diese Hotels haben alle sehr gute Bewertungen, sind für ihren hervorragenden Service bekannt und werden oft weiterempfohlen. Vor allem viele deutsche Gäste besuchen diese Hotels. Deutschsprachige Gästebetreuer gehen jede Woche durch die Anlage, um nach dem Wohlbefinden zu fragen und sich mit den Gästen zu unterhalten. Sollte dennoch mal etwas im Zimmer defekt sein, so sind die Servicemitarbeiter schnell zur Stelle und reparieren alles. Auch Verbesserungswünsche werden schnell und nach besten Möglichkeiten umgesetzt.

Für alle Zielgruppen findet sich in der Pickalbatros-Kette die passende Unterkunft. Nachfolgend werden drei der beliebtesten und bekanntesten Hotels dieser Reihe vorgestellt.

DANA BEACH RESORT

Das Dana Beach Resort liegt etwa 15 Minuten vom Flughafen entfernt und direkt am hoteleigenen Strand. Namensgeberin des Hotels ist die Tochter des Eigentümers. Das Hotel richtet sich vor allem an Senioren und Familien mit sehr kleinen Kindern. Bei deutschen Urlaubern ist dieses Hotel überaus beliebt. Es bietet eine große, liebevoll gestaltete Gartenanlage, vier Pools, sieben Rutschen im Kinderpool und mehrere Sandspielplätze. Insgesamt ist die Anlage 181.000 qm groß, es gibt sieben Gebäude mit jeweils drei Etagen und insgesamt 835 Zimmern. Die Zimmergröße reicht von 20 – 25 qm bis hin zu 45 qm. Erbaut wurde die Anlage im Jahr 2004, sie ist behindertengerecht und hat in der Landeskategorie fünf Sterne. Für Liegen, Sonnenschirme, Badehandtücher und W-Lan fallen in der gesamten Anlage keine Gebühren an. Ein besonderes Highlight ist, dass man mit Tretbooten in Schwanenoptik in der hoteleigenen Meerwasserlagune fahren kann. Gegen die aufkommende Langeweile gibt es zudem eine Animation mit großem Sportangebot: Wassergymnastik, Aerobic, Wasserball, Dart, Billard, Boccia und vieles mehr. Auch Volleyball-, Minigolf- und

Tennisplätze stehen zur Verfügung. Am Strand kann man neben zahlreichen Wassersportarten auch Kamelreiten. Wer sich während seines Urlaubs fit halten möchte, kann dies im Fitnessraum tun. Zur Entspannung gibt es ein großes Wellnessangebot mit Sauna, Dampfbad, Whirlpool und Massagen.

In der Anlage befinden sich verschiedene Geschäfte, beispielsweise ein Souvenirshop, ein Minimarkt, eine Boutique, ein Juwelier und ein Friseur. Es finden täglich Shows und Livemusik statt, außerdem gibt es auch eine Diskothek, sodass auch die Nachtschwärmer voll auf ihre Kosten kommen. Für die Kleinen gibt es einen Kinderclub und jeden Abend Minidisco. Für die medizinische Betreuung ist auch gesorgt, denn es gibt einen englischsprachigen Arzt in der Anlage. Allerdings muss seine Leistung vor Ort in bar bezahlt werden. Dafür bekommt man eine Quittung, diese reicht man dann in Deutschland bei der privaten Reisekrankenversicherung ein und erhält die Ausgaben erstattet.

Kulinarisch hat das Dana Beach auch einiges zu bieten. Es gibt sechs verschiedene Themenrestaurants, die ein großes und abwechslungsreiches Angebot bieten: Ob orientalisch, international, italienisch, deutsch oder asiatisch – für jeden Geschmack ist etwas dabei. Zudem bietet eines der Restaurants Snacks und einfache Speisen an. Für den kleinen Hunger zwischendurch stehen neun Bars mit Snacks und Getränken zur Verfügung, eine davon befindet sich direkt am Strand. Es gibt auch Eis, worüber sich besonders die kleinen Gäste sehr freuen dürften.

Aber auch im Zimmer finden Sie in der Minibar frische Getränke. Diese wird täglich wieder aufgefüllt. Zudem gibt es dort einen Safe, einen Fernseher, ein Telefon, eine Klimaanlage/ Heizung, einen Wäscheservice (gegen Gebühr) und ein großes Badezimmer mit Badewanne oder Dusche. Wer durch die Geschäfte bummeln oder Souvenirs kaufen möchte, hat es vom Hotel aus nicht weit, denn zum Stadtzentrum sind es nur etwa 15 km.

Der Cleopatra Basar (ein Bekleidungs- und Souvenirgeschäft mit festen Preisen) liegt direkt gegenüber und weitere Läden (beispielsweise für Kleidung und Souvenirs) sowie Friseur und Apotheke befinden sich in unmittelbarer Nähe.

Auch zwei andere Hotels der Kette, das Alf Leila Wa Leila und der Jungle Aqua Park sowie die Senzo

Mall (großes Einkaufszentrum) sind zu Fuß zu errei-
chen.

ALF LEILA WA LEILA

Das Alf Leila Wa Leila Hotel heißt übersetzt „Tausend und eine Nacht". Der Name spricht für sich: Der
Stil, die Architektur und die Farben des Hotels sind
malerisch schön und entführen einen in die Welt des
Orients. Schon vor dem Eingang werden Sie von orientalischen Figuren begrüßt, Türme, Muster und
Wanddekorationen sorgen im ganzen Hotel für ein
märchenhaftes Flair. Das Hotel hat schon dreimal
den HolidayCheck-Award (Hotelauszeichnung für
das beliebteste Hotel in einer Region) erhalten.

Aufgrund der romantischen Atmosphäre eignet
sich das Hotel perfekt für Pärchen, die einen gemein-
samen Urlaub verbringen möchten. Aber auch Familien mit kleinen Kindern werden sich hier wohlfüh-
len. Das Vier-Sterne-Hotel (Landeskategorie) hat
zwei Etagen und insgesamt 548 Zimmer, die entweder 32 qm oder 50 qm groß sind. Alles ist barriere-
frei zugänglich. Liegen, Sonnenschirme, Badehandtücher und W-Lan stehen in der gesamten Anlage

kostenlos zur Verfügung. Zum Flughafen sind es 8 km, zum Stadtzentrum 17 km und zum Strand 900 m. Es gibt einen kostenlosen Shuttle, der die Hotelgäste zum Strand des Dana Beach Hotels und wieder zurück in die Anlage bringt. An der Strandbar des Dana Beach Hotels darf man sich kostenlos bedienen und man darf auch den Aquapark im Jungle Aqua Park kostenlos mitbenutzen, denn das Hotel befindet sich direkt neben dem Alf Leila Wa Leila. In der Anlage gibt es vier Pools, einen Souvenirshop, einen Minimarkt, eine Boutique, einen Juwelier, einen Friseur, ein Kosmetikcenter, eine Diskothek, ein Amphitheater und einen englischsprachigen Arzt. Außerdem gibt es Animation, Shows, Livemusik und Tanzabende. Durch die vielen Palmen rund um die große Poolanlage sieht diese wie eine Oase aus, die sich zwischen den maurischen Gebäuden einfügt. Für die kleinen Gäste stehen Kinderspielplatz, Kinderpool, Kinderclub und ein Kinderspielzimmer zur Verfügung. Jeden Abend gibt es eine Minidisco und auch ein Kinderbuggy kann gegen Gebühr ausgeliehen werden. Zur sportlichen Betätigung stehen Volleyball, Minigolf, Tischtennis, Dart, Billard, Tennis, Reiten und ein Fitnesszentrum zur Verfügung.

Anschließend kann man sich im Spa mit Massagen, Hammam, Dampfbad und Whirlpool verwöhnen lassen.

Wie im Dana Beach Resort gibt es sechs Themenrestaurants, die zum Schlemmen einladen. Glutenfreie Gerichte gibt es auf Anfrage. Auch beim Show Cooking können Sie live dabei sein. In unmittelbarer Nähe zu den Sitzplätzen sorgen eine Brunnenlandschaft sowie warme Lampen und Lichter für eine angenehme Atmosphäre beim Essen. Zusätzlich gibt es zehn Bars mit leckeren Getränken und Cocktails.

Die Zimmer sind genau wie das gesamte Hotel im orientalischen und landestypischen Stil eingerichtet. Es gibt eine Minibar, ein großes Bad mit Kosmetikspiegel und Haartrockner. Auch eine Klimaanlage, ein Telefon, ein Safe, ein Kühlschrank, ein Wasserkocher und ein Fernseher stehen den Gästen zur Verfügung.

Das Besondere am Alf Leila Wa Leila ist die gleichnamige Show, die jeden Tag im hinteren Teil der Anlage stattfindet. Dort wurden einige der größten Sehenswürdigkeiten des Landes nachgebaut und aufgestellt. Im hoteleigenen Museum für Geschichte befinden sich Kopien der bekanntesten Artefakte. Die Show steht für Besucher jeden Tag offen und auch Gäste der anderen Pickalbatros-Hotels dürfen diese einmal kostenlos während ihres Aufenthaltes besuchen. Für Gäste anderer Hotels fällt eine Gebühr an. Mehr über die Show finden sie in Kapitel 5.

Direkt neben dem Hotel befindet sich die Senzo Mall, ein großes Einkaufszentrum. In kurzer Entfernung liegt auch das Sand City, ein Sandmuseum. Weitere Einkaufsmöglichkeiten, Apotheken, Friseure und vieles mehr befinden sich in kurzer Entfernung im Sun City Village. Dies ist ein lang gezogener Gebäudekomplex mit vielen Geschäften.

JUNGLE AQUA PARK RESORT

Neben dem Alf Leila Wa Leila liegt das Top-Hotel in Hurghada: der Jungle Aqua Park. Auch dieses Hotel verzaubert mit seinem einzigartigen Charme und Ambiente, welcher jedes Jahr im Frühjahr wieder für die Hauptsaison aufbereitet wird. Es ist perfekt zur Erholung und für einen unterhaltsamen, actionreichen Urlaub geeignet. Es wurde mehrfach mit dem HolidayCheck-Award ausgezeichnet.

Schon bei der Anreise zum Jungle Aqua Park begrüßt einen ein großer Gorilla am Eingang, zudem eine Nachbildung von Te Fiti, einer Figur aus dem Disney-Film „Vaiana". Für Stammgäste, die das dritte Mal in der Anlage sind, gibt es Bäume mit den Namen der Gäste daran, die vor dem Hotel und über das Gelände verteilt gepflanzt wurden. Schon beim zweiten Besuch erwartet die Besucher ein besonderes Abendessen für Stammgäste am Aquapark, bei dem man mit einem Cocktail begrüßt wird und ein T-Shirt bekommt. Es findet direkt am Wasser statt mit Livemusik und edlem Gedeck.

Die Lobby mit der 24 Stunden besetzten Rezeption wirkt mit einer großen Treppe, die hinunter in die Anlage führt, sehr edel. Hier reihen sich die sechs Themenrestaurants mit mediterraner, orientalischer, internationaler, asiatischer und italienischer Küche aneinander. Dazwischen befindet sich auch das Restaurant „Zum Kaiser" mit deutschen Spezialitäten. Insgesamt gibt es elf Bars in der Anlage, die einen jederzeit mit frischen Getränken versorgen. Sogar ein Mitternachtssnack wird angeboten. Dazu gibt es noch eine Snackbar, eine Pizzastation, eine hauseigene Bäckerei und eine Eisdiele mit täglich wechselnden Sorten. Im Nudelhaus können Gäste ihre Pasta selbst zusammenstellen. Auch für die kleinen Gäste gibt es ein Kinderbuffet.

Die 866 Zimmer sind in höchsten zweistöckigen Bungalows in der Anlage verteilt. Sie sind wie in allen Hotels der Pickalbatros-Kette gut ausgestattet mit Klimaanlage/ Heizung, Fernseher, Safe, Telefon, Wasserkocher, Kühlschrank, Föhn, kostenlosem W-Lan und einer Minibar, die bei Bedarf täglich aufgefüllt wird. Vom Stil sind sie landestypisch orientalisch eingerichtet, dazu geräumig und mit großem Badezimmer. Das Doppelzimmer ist 46 qm groß und das Familienzimmer 80 qm. Außerdem verfügt jedes Zimmer über einen Balkon oder eine Terrasse.

Insgesamt ist die Anlage sehr weitläufig mit vielen gepflegten Rasenflächen, Blumen sowie vielen weiteren grünen Pflanzen und Palmen. Besondere Highlights sind ein großes Blumenrondell sowie ein herzförmig umzäuntes Blumenbeet, an dessen Zaun Liebesschlösser hängen. Für ein gemütliches Ambiente sorgt auch die schöne 35.000 qm große Poollandschaft, die abends herrlich beleuchtet wird. Insgesamt gibt es 29 Swimmingpools und 4 Kinderpools in der Anlage. Viele Brücken führen die

Besucher über das Wasser. Auf dem Weg zum Abendessen kann man zudem Vögel beobachten, die sich lange nach der Schließung der Pools im Wasser niederlassen, trinken und anschließend im großen Schwarm über die Köpfe der Gäste hinweg fliegen.

In der Anlage gibt es einige Katzen, die sich beim Abendessen ein Stück Fleisch vom Buffet erhoffen. Es geht diesen Katzen allerdings sehr gut, sie sind keine wirklich freilebenden Tiere. An vielen Stellen gibt es Fütterungsstationen, wo sie artgerechtes Futter und sauberes Wasser bekommen. Wer ihnen zusätzlich ein bisschen Wurst geben möchte, sollte dies nur an diesen Stationen tun, damit sie nicht daran gewöhnt werden, bei Touristen zu betteln. Außerdem sollte die Wurst oder das Fleisch unbehandelt, ungewürzt und nicht scharf sein. Generell jedoch sollte sich das Füttern in Grenzen halten. Die Katzen sind gepflegt und an Menschen gewöhnt. Man kann sie deshalb streicheln, sollte sich anschließend aber die Hände waschen und auf das Verhalten und die Reaktionen des Tieres achten. Im Frühjahr werfen einige der Katzen, sodass man mit Glück manchmal auch kleine Babykatzen zu Gesicht bekommt.

Wer es ruhiger mag, kann es sich an einem der

vielen Pools zwischen den Bungalows gemütlich machen. Mehrere Bungalows teilen sich einen Pool. Man kann sich ganz ohne Lärm sonnen oder ein paar Runden schwimmen. Die Liegen, Sonnenschirme und Badehandtücher können im Hotel und am Strand kostenlos benutzt werden. An jedem Pool befindet sich auch ein Bademeister, den man im Notfall ansprechen kann. Der Weg zur nächsten Bar ist Ihnen zu weit? Kein Problem! Das „Schnapsi-Taxi" (ein Kellner mit Getränkewagen) kommt stündlich an ihrer Liege mit alkoholischen und alkoholfreien Cocktails und Getränken vorbei. Auch Eiswürfel gibt es auf Wunsch dazu.

In der Anlage gibt es einige Verkäufer, die die Gäste über Ausflugsangebote sowie den hoteleigenen Spa informieren und ihre Dienstleistungen verkaufen wollen, da sie dafür Provisionen bekommen. Wer nicht von ihnen angesprochen oder gestört werden möchte, kann sich beim Bademeister eine rote Fahne holen, die man an seinem Sonnenschirm befestigen kann.

Wer mehr Unterhaltung haben möchte, der findet sie am großen Pool vor den Restaurants. Hier bietet das Animationsteam den ganzen Tag

Programm: morgens Yoga, dann Aquagymnastik, mittags Tanzen und am Nachmittag Step Aerobic. Zwischendurch werden noch Boccia, Darts, Fußball oder viele andere Spiele angeboten. Am großen Pool ist es immer laut. Es wird Wasserball gespielt und den ganzen Tag läuft Musik. Aber Achtung! Die Liegen am Pool sind heiß begehrt und oft schon morgens belegt. Wer hier mit einer größeren Gruppe den Tag verbringen möchte, ist besser früh dran.

Auch außerhalb der Animation kann man sich sportlich betätigen, beispielsweise im hoteleigenen Fitnessraum mit Laufbändern, Crosstrainer, Gewichten und Ergometer. Daneben liegt der kostenpflichtige Spa- und Wellnessbereich mit Sauna, Massagen und Whirlpool. Jeder Gast wird sehr freundlich mit einem Tee begrüßt. Im hinteren Bereich der Anlage gibt es einen großen Fußballplatz, Tennisplätze und einen Minigolfplatz.

Abends gibt es verschiedene Unterhaltungsangebote, beispielsweise eine Diskothek, Shows im Amphitheater oder Livemusik, bei dem sicherlich jeder Urlauber das Passende findet. Für die kleinen Gäste gibt es einen Miniclub, ein Kinderkino, einen Spielplatz und 18 Wasserspiele. Nach dem

Abendessen geht es für die Kleinen in die Minidisco. Die Animateure verkleiden sich dafür sogar wie die Idole der Kinder aus Film und Fernsehen, beispielsweise wie Mickey Maus oder Shrek, und sammeln singend die Kinder vor den Restaurants ein.

Zu besonderen Anlässen wie Ostern oder Weihnachten bietet das Hotel einige extra Überraschungen für Kinder. Dann werden Hüpfburgen aufgebaut oder man kann in aufblasbaren Laufbällen über das Wasser laufen. Zum Abendessen gibt es Fakirshows oder Tänzer und oft auch ein Feuerwerk.

Das Herz der Anlage ist und bleibt der schon im Namen erkennbare Aqua-Park. Über 35 Rutschen bereiten langfristig Spaß und bieten einiges, das es zu erkunden gilt. Es gibt 21 Rutschen für Erwachsene, 14 Rutschen für Kinder und natürlich kann man zwischen verschiedenen Schwierigkeitsgraden auswählen. Während des Rutschens kann man auf eine sehr hohe Geschwindigkeit kommen, weshalb immer absolute Vorsicht geboten ist. Je nach Reisezeit ist es auch zu empfehlen, Aquaschuhe anzuziehen, da die Böden bei hohen Temperaturen sehr heiß werden können. Die Rutschen werden täglich getestet und überwacht, sodass die Sicherheit in jedem Fall gewährleistet ist. Sollte es wieder erwarten zu einem Notfall kommen, wird die Rutsche für diesen Tag gesperrt.

Auf den Rutschen wird mindestens mit einem Teppich gerutscht, damit es nicht zu Verletzungen am Rücken kommt. Auf den meisten Rutschen werden jedoch Reifen benutzt. Es gibt Einzelreifen oder Doppelreifen. Die leichtere Person sollte in diesem vorne sitzen, damit der Reifen auf dem steilen Stück der Rutsche nicht nach vorne überschlägt. Ein Highlight ist die Familienrutsche, für die man einen großen Reifen benötigt, in dem je nach Alter und Größe bis zu fünf Personen Platz nehmen können. Von diesen gibt es nicht sehr viele und die vorhandenen sind meistens im Umlauf, da sie sich größter Beliebtheit erfreuen. Um einen dieser Reifen zu ergattern, begibt man sich am besten zum Auslaufbecken der Rutsche und übernimmt ihn dort mit höflicher Bitte von der Familie, die gerade gerutscht ist. Auch bei den anderen Reifen kann es in den Ferienzeiten manchmal zu Engpässen kommen, was durchaus zu langen Schlangen vor den Rutschen führen kann. Wer das umgehen will, kann den Aquapark entweder früh morgens gleich nach der Eröffnung nutzen oder direkt nach der Mittagspause sein Glück versuchen. Zu diesen Zeiten hat man den Aquapark manchmal fast für sich allein.

Der Aquapark ist gut überwacht. An nahezu jeder Rutsche steht ein Mitarbeiter, der aufpasst, dass alle Urlauber genug Abstand halten. Auch das eigene Gewicht sollte man kennen, da man für einige Rutschen ein Mindestgewicht braucht. Zu zweit erfüllt man dieses in der Regel fast immer. Auf jeden Fall sollte man darauf achten, dass die Reifen ausreichend mit Luft gefüllt sind. Sollte dies nicht der Fall sein, kann man diesen am Aquapark wieder aufpumpen lassen. Wenn man höflich darum bittet, pumpen die Angestellten auch privat gekaufte Schwimmreifen und Schwimmtiere auf, sollte man keine eigene Luftpumpe haben.

Um den Aquapark herum fließt der Rafting River, der über einen Kilometer lang ist. Er symbolisiert den Nil als die Lebensquelle Ägyptens. In ihm kann man sich wunderbar treiben lassen, weil es ein Strömungskanal ist.

Neben dem Aquapark befindet sich ein großes Wellenbecken, in dem es zu regelmäßigen Zeiten Wellengang gibt. Auch hier passt ein Lifeguard gründlich auf, dass keiner der Anwesenden in gefährliche Bereiche schwimmt. Trotz aller Vorsichtsmaßnahmen sollten Kinder, sollten diese noch keine geübten Schwimmer sein, nicht allein ins Wasser gehen.

Auch zahlreiche Läden befinden sich am Aquapark. Es gibt einen Souvenirladen, eine Apotheke, ein Bekleidungsgeschäft, einen Juwelier, einen Spielzeugladen und alles, was das Herz begehrt. Ebenso befindet sich eine Arztpraxis mit einem englischsprachigen Arzt vor Ort. Auch die als Doktorfische bekannten Rötlichen Saugbarben kann man hier für kosmetische Zwecke nutzen.

Für den kleinen Hunger gibt es am Aquapark eine Snackbar, in der sowohl Hotelgäste als auch Tagesgäste essen und trinken erhalten können.

Wer gerne mal einen Tag am Strand verbringen möchte, kann dies natürlich auch tun. Der Jungle Aqua Park liegt etwa 900 Meter vom Hotel Dana Beach entfernt. Dort können Gäste den hoteleigenen Strand benutzen. Das hoteleigene Shuttle bringt Urlauber kostenlos dort hin und auch wieder zurück. Abends kann man sehr gut durch die Senzo Mall bummeln. Ab ca. 18 Uhr fährt ein Shuttle direkt vom

Jungle Aqua Park dort hin. Man kann es kaum übersehen, da es mit bunten Lichterketten geschmückt ist und laut Ballermann-Hits spielt. Selbst wenn der Fahrer kein Deutsch spricht, so kann er doch alle Songtexte mitsingen. Die Fahrt ist kostenlos.

Die Plätze im Shuttle sind allerdings begrenzt, da es bei den Gästen sehr beliebt ist. Kinder müssen häufig auf den Schoß genommen werden und größere Gruppen haben es schwer, gemeinsam einige Plätze zu bekommen. Man sollte sich auf jeden Fall auf Wartezeiten und Gedränge einstellen. Besonders mit kleinen Kindern ist hier Vorsicht geboten. Der Party-Bus, wie er liebevoll genannt wird, hält an der Senzo Mall rechts neben dem Haupteingang, am Jungle Aqua Park und am Cleopatra Basar gegenüber vom Dana Beach.

Das Rote Meer

Das Rote Meer ist etwa 2.240 Kilometer lang, die Oberfläche ist 438.000 Quadratkilometer groß und der Rauminhalt beträgt 200.000 Kubikkilometer. Im Durchschnitt ist der Meeresboden 538 Meter tief, im zentralen Suakin-Trog jedoch unvorstellbare 3.040 Meter. Zum Vergleich: Die Nordsee ist an der tiefsten Stelle 700 Meter tief.

Zwar existiert das Rote Meer in dieser Form erst seit 5.000 Jahren, doch durch das Auseinanderdriften der Platten wird es jedes Jahr im Norden um 0,8 Zentimeter und im Süden sogar um 1,6 Zentimeter breiter. Es ist ein Nebenmeer des Indischen Ozeans und liegt zwischen Nordostafrika und der Arabischen Halbinsel.

Zum Roten Meer gehört im nordwestlichen Teil der Golf von Sues. Dieser zwischen 1859 und 1869 gebaute Kanal verbindet das Rote Meer mit dem Mittelmeer. Er ist im Schnitt 22 Meter tief und wichtig für den Welthandel, da Schiffe nun nicht mehr den langen Seeweg um Afrika herum nutzen müssen.

Ein weiterer Teil ist der Golf von Aqala im Nordosten. An ihn grenzen Israel, Saudi-Arabien, Jordanien und Ägypten. Der dritte bedeutende Teil ist die Meerenge Bab al-Mandab. Sie liegt im Süden zum Golf von Aden im Indischen Ozean. Die Staaten Eritrea, Dschibuti und Jemen grenzen an diesen Bereich.

Es ist nicht ganz klar, woher der Name des Roten Meeres stammt. Eine Theorie ist, dass er von den persischen Achaimeniden stammt, die die Himmelsrichtungen mit Farben symbolisierten. Rot stand für den Süden und schwarz für den Norden, was am Schwarzen Meer erkennbar ist. Der Name könnte jedoch auch von den Griechen stammen, die das Meer mit der Rotfärbung der Erde oder dem roten Sandstein in dieser Region in Verbindung brachten.

Das Besondere an diesem Meer ist der außerge-
wöhnlich hohe Salzgehalt. Dieser beträgt 42 Gramm
pro Liter. Um die Insel Sylt herum liegt der Salzgehalt dagegen nur bei etwa 31 Gramm pro Liter. Durch
den hohen Salzgehalt hat das Rote Meer wenig Nähr-
stoffe. Daher kann wenig Plankton wachsen und es
gibt eine klare Sicht, weshalb man darin sehr gut tauchen kann. Das Wasser ist verhältnismäßig warm.
Selbst im eher subtropischen Norden hat es tropi-
sche Temperaturen. Die Wassertemperatur beträgt
meistens zwischen 26 °C und 28 °C und sinkt nie unter 20 °C.

Ein weiterer großer Vorteil des Roten Meeres
ist, dass es nicht so stark verschmutzt ist wie beispielsweise das Mittelmeer. Das Wasser ist sehr klar
und man kann weit sehen, stellenweise bis zu 30 Meter. Es gibt sowohl Felsen- als auch Mangrovenküs-
ten mit Sümpfen. In der Hotelregion sind es Sand-
strände, die meist sehr flach ins Wasser führen. Die
Wellen sind insgesamt eher leicht. Starke Stürme,
wie man sie von der Atlantikküste her kennt, gibt es
nicht. Es gibt auch Ebbe und Flut, doch die Gezeiten
sind nicht spürbar.

Die schönen Korallenriffe und Lagunen liegen

meist direkt vor der Küste und man kann diese bei Tauchgängen in bis zu 10 Metern Tiefe anschauen. Das Rote Meer ist bekannt für seine große Artenvielfalt. Es gibt viele verschiedene Fischarten, beispielsweise Kugelfische, Doktorfische, Papageienfische, rote Zackenbarsche, blaugelbe Kaiserfische, Rochen, Kraken, Muränen und viele mehr. Auch Haie gibt es im Roten Meer, so zum Beispiel den seltenen Weißspitzen-Hochseehai und den Weißspitzen-Riffhai. Am Rande der Riffe kann man auch einem Grauen Riffhai begegnen, der im Durchschnitt zwei Meter lang wird. Die Haie sind in der Regel nicht gefährlich für Touristen und an den Hotelstrand kommen sie schon gar nicht. Obwohl es auch Walhaie und Mantas im Roten Meer gibt, ist die Wahrscheinlichkeit, sie zu sehen, sehr gering. Dafür gibt es mehr Meeresschildkröten und Quallen. Mit etwas Glück kann man mit Delphinen im Roten Meer schwimmen. Sogar Schiffswracks können bei Tauchgängen besichtigt werden.

Sollte es einmal zu einer Begegnung mit einem der gefährlichen Meeresbewohner kommen, dann gilt es, ruhig zu bleiben, keine hektischen Bewegungen zu machen und Abstand zu halten, denn auch wenn es viele gefährliche Tiere im Meer gibt, so gehören Menschen nicht zu ihrer Beute. Häufiger kommt es vor, dass sie sich nur bedroht fühlen und sich verteidigen wollen. Sollte es dennoch zu einer kleinen Verletzung oder Berührung mit einem giftigen Tier kommen, geht man am besten sofort zum Arzt, den es in fast jedem Hotel gibt.

Eine Gefahr für Badegäste können Rochen sein. Sie schweben fast majestätisch über den Meeresboden. Viele haben jedoch einen spitzen Stachel oder sind sogar giftig. Im Roten Meer leben unter anderem Lila Stechrochen, Federschwanz-Stechrochen und Gefleckte Adlerrochen. Auch Blaupunktrochen findet man auf dem Meeresboden. Abends kommen sie manchmal ganz nah an den Strand heran, sodass man sie von dort aus mit sicherem Abstand beobachten kann. Normalerweise sind sie sehr scheu, reagieren aber bei Bedrohung mit ihrem giftigen Stachel. Abgesehen von den Stichverletzungen führt das Gift beim Menschen in der Regel nicht zum Tod. Da sie aber teils eingegraben im Sand auf dem Boden liegen, sollte man sehr gut aufpassen, dass man nicht auf sie tritt.

Zu unangenehmen Unfällen kann es auch mit

Muränen kommen. Im Roten Meer findet man unter anderem Marmor-Muränen, Gelbmaul-Muränen oder Riesenmuränen. Diese Wasserschlangen werden bis zu zweieinhalb Meter lang und verstecken sich meist in Höhlen oder unter Steinen. Deshalb sollte man in steinigen Regionen besonders vorsichtig sein und von Löchern oder schlecht einsehbaren Stellen lieber Abstand halten, da diese Meeresbewohner mit ihrer bräunlichen Farbe im Wasser schlecht zu sehen sind. Muränen haben spitze Zähne und durch die daran haftenden Bakterien heilen Wunden nur sehr langsam.

Generell empfiehlt es sich immer, bei einem Besuch im Meer Aquaschuhe anzuziehen. In steinigen Gebieten kann es spitze oder scharfe Kanten geben und auf dem Meeresgrund können sich Krebse oder Seeigel befinden. Diese halten sich gerne in der Nähe von Felsen oder Korallenriffen auf und haben Stacheln, die nur schwer wieder aus Wunden entfernt werden können und sehr schmerzhaft sind.

Eine andere Gefahr sind Steinfische, die man nur schlecht von den Felsen in den Korallenriffen unterscheiden kann. Ihr Gift gehört zu den gefährlichsten tierischen Giften der Welt und ist für Menschen tödlich.

Doch von all diesen Gefahren sollte man sich nicht verunsichern lassen. Wenn man Aquaschuhe anzieht, aufmerksam ist und sich nur im Meer in der Nähe des Hotelstrandes aufhält, kann einem fast nichts passieren. Doch wen es weiter ins Meer zieht, der geht am besten zu einer der vielen Tauchschulen, in denen man innerhalb einer Woche gut Tauchen lernen kann.

Die Lebewesen im Roten Meer stehen unter Artenschutz, weshalb die Ausfuhr von Muscheln, Korallen und allen weiteren Dingen aus dem Meer verboten ist. Wenn Kinder Muscheln sammeln, um zum Beispiel ihre Sandburg damit zu verzieren, so ist besondere Vorsicht geboten, denn in den Muscheln können sich kleine Krebse befinden, die gerne auch mal zwicken.

Mit Schnorcheln, die man in vielen Läden bekommt, kann man sogar im seichten Wasser am hoteleigenen Strand bunte Fische sehen. Dabei sollte man auf die Länge des Schnorchels achten. Er sollte bei Erwachsenen nicht länger als 35 Zentimeter sein, bei Kindern noch kürzer, da ansonsten die Gefahr der Pendelatmung besteht, d.h. die ausgeatmete Luft

kann das Rohr nicht verlassen und wird wieder ein-
geatmet. Dies kann zu Gesundheitsschädigungen
führen.

Seit 2019 gibt es zum Schutz des Meeres in Hurghada ein Verbot von Einwegplastik.

Ausflüge und Unternehmungen

STRAND UND MEER

Das Meer und die Fische kann man in Hurghada auf vielfältige Art und Weise entdecken. Beispielsweise gibt es die Möglichkeit, für kleines Geld mit einem Glasbodenboot über das Wasser zu fahren und unter sich die Pracht der Unterwasserwelt zu sehen. Der Vorteil hierbei ist sicherlich der Preis und natürlich, dass man sich alles trocken und aus sicherer Entfernung ansehen kann. Ein Nachteil ist, dass das Boot je nach Wetter und Windstärke stark schaukeln kann. Deshalb ist die Fahrt nichts für Leute mit schwachem Magen.

Wer tiefer in die Unterwasserwelt eintauchen möchte, für den könnte eine Tour mit dem U-Boot das Richtige sein. Über drei Stunden lang hat man die Möglichkeit, in einer Tiefe von 22 Metern die Fische und Korallen zu beobachten. Allerdings sollte man keine Platzangst haben, denn es ist sehr eng in einem U-Boot.

Wer sich zu den Fischen ins Wasser wagen möchte, kann verschiedene Bootstouren inklusive Schnorchelausflug machen. Es gibt die Möglichkeit, mit Delphinen zu tauchen und Schildkröten, Korallen, Muränen sowie andere tolle Fische zu sehen. Die meisten Ausflüge werden von erfahrenen Tauchern begleitet und diese zeigen einem die interessanten Tiere. Schnorchel, Flossen, Getränke und ein landestypisches Mittagsessen sind meist im Preis enthalten.

Vor der Küste Hurghadas liegt der Nationalpark Giftun Islands, zu dem auch Paradise Island gehört. Diese beliebten Inseln werden bei vielen Schnorcheltouren angesteuert, da man schöne Riffe und viele Fische direkt vor der Küste sehen kann. Die Paradise Island macht ihrem Namen alle Ehre: Weißer Sandstrand und türkisblaues Wasser erwecken den

Eindruck, man sei in der Karibik gelandet. Auch für die Haut ist dieses sehr salzhaltige Wasser gut.

Bei all diesen Ausflügen sollte man vorher genau absprechen, was im Preis enthalten ist. Zudem muss man daran denken, dass die Meeresbewohner Tiere sind, die in ihrem Lebensraum natürlich in Bewegung sind. So kann es natürlich auch mal passieren, dass man die zuvor versprochenen Meereslebewesen nicht zu Gesicht bekommt. Bei fast allen Ausflügen sind Fotografen oder Kameramänner dabei, die den gesamten Ausflug in Form von Fotos oder Videos festhalten. Diese kann man käuflich erwerben und bekommt sie meist am nächsten Tag ins Hotel gebracht.

Der Strand bietet auch einige andere spaßige Dinge. Fast überall kann man auf Pferden oder Kamelen reiten und es gibt einige Wassersportangebote. Wer gerne Action mag, der kann eine Fahrt mit dem Bananenboot machen. Wen es in die Höhe zieht, für den könnte Paragleiten das Richtige sein. Auch eine Tour mit einem Schnellboot kann unternommen werden.

MUSEEN UND AQUAPARKS

Doch auch an Land gibt es einige interessante Dinge zu sehen. Sand City ist ein Sandmuseum, in dem man traditionelle Motive wie Pyramiden und Tempel bestaunen kann, die aus Sand erbaut wurden. Auch historische Figuren wie Napoleon und Kleopatra sowie Film- und Serienhelden wie die Simpsons oder Batman gibt es dort zu sehen. Wer sich mehr für das Meer interessiert, dem könnte das Marine Museum und Aquarium gefallen. Auch für Papyrusinteressierte gibt es ein eigenes Museum.

Wer keinen Aquapark im gebuchten Hotel hat, der kann sich ein Tagesticket für den Jungle Aqua Park, Sindbad Aqua Park oder den Titanic Aqua Park kaufen. Die Preise sind mit knapp 30€ pro Person (Kinderpreise variieren) für Familien etwas teurer, dafür sind aber auch das Essen und die Getränke mit im Preis enthalten.

DIE ALF LEILA WA LEILA- SHOW

Die Alf Leila Wa Leila Show ist auf jeden Fall einen Besuch wert. Neben der eigentlichen Show kann man sich Nachbauten von vielen berühmten Tempeln Ägyptens, beispielsweise von der Sphinx, dem Tempel von Abu Simbel oder dem Obelisken anschauen und Fotos davon machen. Auch im kleinen ägyptischen Museum nebenan können bekannte Artefakte wie die Büste der Nofretete oder die Maske des Tutanchamun angesehen werden.

Die Besucher können die Show auf bequemen Stadionsitzen in abgetrennten Abteilungen und je nach Sprache in Deutsch, Englisch, Französisch, Russisch oder Italienisch genießen. Dies ist besonders wichtig für den Anfangsteil der Show, in dem die Tempel und Bauwerke vorgestellt werden. Man erfährt allerlei interessante Dinge über die Geschichte des Landes, die jedoch nicht nach trockenem Geschichtsunterricht klingen, sondern staunen lassen.

Anschließend beginnt die Reitershow. Artisten führen auf Pferden waghalsige Stunts auf und schwenken dabei die Flaggen großer Nationen. Lustige Acts sorgen zwischendurch immer wieder für kurze Lacher. Danach gibt es landestypische

Showeinheiten. Bauchtänzerinnen tanzen in wunderschönen, klimpernden Kostümen zu ägyptischer Musik, Tanouratänzer drehen sich in bunten Gewändern, deren Farben die verschiedenen Strömungen des Islams symbolisieren. Folkloretänzer geben einen Einblick in die traditionellen Tänze.

Bei einer Fakir-Einlage gibt es Feuer und Action zu sehen. Von brennenden Seilen bis hin zu Feuerspuckern gibt es nichts, das man hier nicht sieht. Die passende musikalische Untermalung sorgt für gute Stimmung im großen Stadion.

Den Abschluss der Show bilden die tanzenden Wasserfontänen, die seit vielen Jahrzehnten in Ägypten sehr beliebt sind. Bunte Lichter und das Rauschen des Wassers in Verbindung mit den schönen Formen und der sanften Musik sind ein Spektakel, das man sich nicht entgehen lassen sollte.

Alles in allem ist die Alf Leila Wa Leila Show definitiv sehenswert. Sie vereint in einer einzigartigen und faszinierenden Weise alles, was es an Show Acts in Ägypten gibt. Die Show ist lehrreich, unterhaltsam und faszinierend zugleich und bringt jedem Besucher die Kultur und die Geschichte des Landes näher. Wer reist, um das Land und die Leute kennenzulernen, wird bei dieser Show auf seine Kosten kommen. Aber auch diejenigen, die einfach mal aus dem Hotel rauskommen und etwas anderes sehen möchten, werden ihre Freude an der Show haben. Lediglich für kleine Kinder ist diese unter Umständen etwas lang, da sie erst um ca. 20:30 Uhr beginnt.

QUADTOUR IN DER WÜSTE

Wen es eher in die Wüste zieht, dem könnte eine Quadtour gefallen. Dabei begibt man sich nicht weit vom Hotel entfernt in die Sahara, sondern nur wenige Kilometer zur Station. Auf Quads geht es dann durch den festen Wüstensand. Sie sind leicht zu bedienen und es gibt immer Guides, die aufpassen und im Notfall zur Seite stehen. Ab 16 Jahren dürfen Kinder allein fahren, ansonsten fahren sie in Begleitung eines Elternteils oder eines Guides. Wenn man mit dem Quad nicht so schnell fahren möchte oder kann, dann ist das auch kein Problem. Die Guides bilden zwei Gruppen: In der einen fahren die schnelleren und in der anderen die langsameren Teilnehmer.

Nach der Fahrt mit den Quads hat man noch die

Möglichkeit, eine Tour mit einem Wüstenbuggy zu unternehmen, in dem die ganze Familie Platz hat. Danach kann man auf Kamelen, Pferden oder Eseln reiten. Vorsichtig sollte man besonders bei Ersteren sein, da man aufsteigt, während das Tier liegt. Wenn es sich dann hinstellt oder auch später wieder hinlegt, muss man sich gut festhalten, denn der Sitz steht zwischenzeitlich sehr schräg und es wackelt stark, weil das Kamel mit den hinteren Beinen zuerst aufsteht. Beim Hinlegen ist es dann genau andersherum.

Zusätzlich dazu geht es während der Tour noch mit Jeeps zu einem Beduinendorf. Auch wenn dieses wohl eher für die Touristen inszeniert zu sein scheint, ist es doch sehr sehenswert und man erfährt bei einer Tasse schwarzem Tee vieles über die Geschichte und Lebensweise der echten Beduinen. Eine vollverschleierte Frau backt an einem offenen Feuer Brot, das anschließend zum Probieren herumgereicht wird. Ein Kamel führt vor, wie es aus einer Wasserflasche trinken kann und anschließend darf man es küssen, indem man ein Stück Brot zwischen die Lippen nimmt und es dem Kamel übergibt.

Es werden auch viele Naturprodukte, wie zum

Beispiel Heilkräuter und selbst gemachte Salben und Cremes, vorgestellt und zusammen mit selbstgefertigtem Schmuck verkauft. Während des Sonnenuntergangs hat man dann die Möglichkeit, Fotos von der Wüstenlandschaft zu machen. Von einem Aussichtspunkt aus Stein hat man eine schöne Aussicht auf den Horizont.

Am Abend gibt es ein Essen in Buffetform und dazu eine Show, die typische Elemente wie Bauchtänzerinnen, Tanouratänzer oder einen Fakir enthält, der sich mithilfe von Leuten aus dem Publikum auf Glasscherben oder ein Nagelbrett legt.

Für die Fahrt mit dem Quad bekommt man kostenlos ein Tuch, das einem zu Beginn um den Kopf gewickelt wird. Eine Sonnenbrille und ein Haargummi (wenn man lange Haare hat) sollten ebenfalls mitgenommen werden.

Es empfiehlt sich, lange, aber luftige Kleidung zu tragen, weil die Sonneneinstrahlung in der Wüste noch stärker ist. Daher sollte man sich auch schon vor Beginn der Tour gut eincremen und sich in der Station und im Beduinendorf eher im Schatten aufhalten. Die lange Kleidung ist vor allem an den Beinen wichtig, da diese sich direkt am Motor des Quads befinden und während der Fahrt Sand und kleinere Steinchen aufgewirbelt und gegen die Beine geschleudert werden. Man sollte auch ausreichend Wasser in seiner Tasche dabeihaben.

VERPFLEGUNG UND PREISE

Die meisten Hotels bieten für Ausflüge zusätzlich ein Lunchpaket an, das man mitnehmen kann, wenn man dies rechtzeitig anmeldet. Darin befindet sich meistens ein Päckchen Saft, etwas Obst und Gebäck. Wenn man einen längeren Ausflug macht, dann sollte man sich zusätzlich etwas zu Essen vom Frühstück oder vom Vortag einpacken. Viele Ausflüge kann man beim Reiseleiter buchen. Es ist jedoch meistens günstiger, diese entweder bei den Verkäufern zu buchen, die durch die Hotelanlage laufen, oder aber in einem der Ausflugszentren, die in den Shopping-Meilen direkt neben den Hotels zu finden sind. Bei beiden Varianten gilt auch immer: Handeln nicht vergessen, sonst wird es doch teurer!

Ausflüge außerhalb

Doch warum nur in Hurghada bleiben, wenn Ägypten so viel mehr zu bieten hat? Die großen Städte Ägyptens liegen nur einen kurzen Inlandsflug oder ein paar Stunden mit dem Bus entfernt. Man kann ein- oder mehrtägige Ausflüge mit Übernachtungen in Hotels vor Ort machen.

An den Raststätten und auch bei der Ankunft muss man sich darauf einstellen, dass man für Toilettengänge bezahlen muss, weshalb man immer etwas Kleingeld dabeihaben sollte. Ein weiterer

Kulturschock könnte es sein, dass manchmal Herren vor dem Eingang stehen und jedem nur drei bis vier Blatt Toilettenpapier in die Hand geben. Deshalb steckt man sich am besten schon vor Beginn der Fahrt eine Rolle Toilettenpapier in die Handtasche oder den Rucksack.

Außerhalb von Hurghada sollte man sich darauf einstellen, dass andere Sitten und Gebräuche gelten und die Einheimischen sich nicht so stark den Touristen anpassen oder an sie gewöhnt sind. So sind beispielsweise die Händler und Verkäufer deutlich aufdringlicher als in Hurghada und verfolgen einen trotz mehrfacher Abweisung über mehrere Meter. Da hilft es nur, diese zu ignorieren und weiterzugehen.

LUXOR

Einen schönen Tag kann man beispielsweise in Luxor verbringen. Dafür geht es früh raus aus den Federn, denn die Busfahrt dorthin dauert etwa vier Stunden, ist aber für sich schon ein Erlebnis. Hier sieht man eine ganz andere Seite von Ägypten, als man es aus Hurghada kennt: Weite Felder, Bauern mit Eseln und Baracken mit flachen Dächern und offenen Fenstern zeigen das traditionelle Ägypten ohne die touristischen Einflüsse. Auf der Hinfahrt wird eine kurze Pause an einer Raststätte gemacht. Aufgrund der hohen Preise empfiehlt es sich, Essen und Trinken aus dem Hotel mitzunehmen. Das Mittagessen ist oft inklusive und findet meist in Restaurants mit Buffet und landestypischem Essen statt, bei dem für jeden Geschmack etwas dabei ist. Getränke sind allerdings oftmals nicht im Preis enthalten und müssen extra bezahlt werden.

An Sehenswürdigkeiten bietet Luxor seinen Besuchern einiges. Der Karnak-Tempel bedeutet übersetzt „großer Tempel" und stammt aus dem Mittleren Reich. Hier wurde der höchste aller Götter, der Sonnengott Amun-Re, verehrt. Viele Statuen und imposante Säulen mit Eingravierungen geben einem das Gefühl, sich im Alten Ägypten zu befinden. Ein besonderes Highlight ist ein großer Skarabäus aus Stein. Schon von Weitem sieht man viele Touristen, die um ihn herumlaufen. Bei allen Touren sind Reiseführer dabei, auf Englisch (und auf Wunsch auch auf Deutsch) zu erzählen, was es damit auf sich hat. Es heißt, dass es Glück bringt, wenn man ihn umrundet. Bei 20 Umrundungen wartet angeblich ein Lottogewinn. Probieren Sie es aus ...

Eine weitere Sehenswürdigkeit sind die Memnonkolosse. Die beiden Statuen stammen aus dem 14. Jahrhundert vor Christus und stellen den König Amenophis III. dar. Unweit davon befindet sich der Totentempel der Hatschepsut, der im Berg mitten in der Wüste liegt. Die vielen Stufen hinauf können gerade im Sommer sehr beschwerlich sein, dafür wird man oben mit einer wunderschönen Aussicht belohnt. Hier liegt auch das Tal der Königinnen. Halb im Berg versteckt, kann man sich die engen Grabstätten ansehen, in denen zum Beispiel die Nefertari (große königliche Gemahlin des Königs Ramses II.) begraben lag.

Bei manchen Reiseveranstaltern besteht auch die Gelegenheit, die Bananeninsel zu besuchen. Mit einem kleinen Motorboot geht es über den Nil zu dieser wunderschönen Insel. Dort gibt es große Bananenplantagen und einige Tiere, zum Beispiel Krokodile und Tauben, zu sehen.

Frische Bananen von der Insel, dazu Guaven, Mandarinen und Wassermelonen kann man sich schmecken lassen, während man in einer atemberaubenden Umgebung mitten am Nilufer sitzt.

KAIRO UND GIZEH

Abgesehen von Luxor ist auch die ägyptische Hauptstadt Kairo immer wieder eine Reise wert. Hier kann man beispielsweise das Ägyptische Museum besuchen. Dies ist das größte Museum für ägyptische Geschichte. Es hat Exponate aus jeder Epoche und unter anderem kann man die weltberühmte Maske des Pharaos Tutanchamun bestaunen. Das Ägyptische Museum wurde 1902 eröffnet. Leider wurden 2011 bei der Revolution in Ägypten acht Gegenstände gestohlen.

Wer einmal in Kairo ist, sollte auch den größten Markt Afrikas besuchen: den Chan el-Chalili. Dort findet man noch viele einheimische Läden und Händler. Es gibt Schmuck, Antiquitäten, Souvenirs und Kaffeestuben mit echtem arabischem Kaffee. Wer möchte, kann in diesem orientalischen Flair auch Shisha, eine ägyptische Wasserpfeife, rauchen. Besonders schön sind die vielen Gassen, die zum Schlendern einladen. Nachts spürt man umso mehr den Zauber von Tausend und einer Nacht.

Ganz in der Nähe von Kairo befindet sich auch das Wahrzeichen von Ägypten: die Pyramiden von Gizeh. Sie sind das einzige bis heute erhaltene Bauwerk der sieben Weltwunder der Antike und gehören zu den ältesten Bauwerken der Welt. Vor etwa 4500 Jahren wurden sie für die verehrten Pharaonen erbaut. Die größte ist die Cheopspyramide. Sie ist 138,75 Meter hoch und wurde aus drei Millionen Steinblöcken errichtet, die alle etwa 2,8 Tonnen wiegen. Im Inneren befinden sich eine große Galerie und die Grabkammer. Die mittlere Pyramide war dem Pharao Chephren gewidmet und hat heute eine Höhe von 136,4 Metern. Da ihr Standort etwa 10 m höher liegt als der der Cheopspyramide, werden die beiden oft miteinander verwechselt.

Hier befindet sich auch die Große Sphinx von Gizeh, eine etwa 73 Meter lange und 20 Meter hohe Figur mit dem Kopf eines Menschen und dem Körper eines Löwen. Es ist nicht eindeutig geklärt, welche Funktion diese für die Ägypter hatte. Möglicherweise sollte sie die Pyramiden bewachen. Sie könnte auch eine Form des Himmelsgottes Horus darstellen oder einen der Pharaonen Cheops oder Chephren in dessen Gestalt. Die Nase und der Kinnbart sind an der Figur abgebrochen. Teile des Bartes befinden sich heute im British Museum in London. Lange war die Sphinx bis zum Kopf mit Sand bedeckt, wodurch sie gut erhalten blieb.

Die dritte und kleinste Pyramide ist die Mykerinos-Pyramide. Sie ist nicht einmal halb so groß wie die anderen beiden. Einige Gruppen von Statuen aus dem Taltempel stehen heute im Ägyptischen Museum in Kairo. Zu dieser Pyramide gehören noch drei Königinnenpyramiden, die an der Südseite stehen. Eine davon ist die 17 Meter hohe Stufenpyramide der Königin Chentkaus I., deren Grab erst 1932 erforscht wurde.

Allein für den magischen Moment, wenn man mit einem Kamel über die Dünen reitet und die Pyramiden vor einem erscheinen, lohnt sich ein Ausflug nach Kairo und Gizeh. Natürlich ist es heiß in der Wüste und man sollte ausreichend Trinken mitnehmen. Auch sollte man bedenken, dass die Fahrt nach Kairo noch länger dauert als die nach Luxor. Allerdings werden die meisten Ausflüge dorthin für zwei Tage angeboten und beinhalten eine Übernachtung, sodass sich die Reisestrapazen in Grenzen halten.

Shopping

DIE SENZO MALL

Was auch immer man in Hurghada braucht, man kann es bestimmt in der Senzo Mall finden. Dieses große Einkaufszentrum enthält alles, was man außerhalb seines Hotels benötigt: Bankautomaten, Restaurants und Eisdielen, Bekleidungsgeschäfte, Spielzeugläden, Parfümerien und vieles mehr.

Am Eingang der Senzo Mall begrüßen einen schon die bekannten Fastfoodketten McDonald's und Kentucky Fried Chicken. Die Preise sind nur etwas günstiger, dafür sind die Burger größer als in Deutschland. So kann man zum Beispiel einen Big Mac mit vier Stück und einen Big Tasty mit zwei

Stück Fleisch bekommen. Zudem kann man hier einige Burger probieren, die es in Deutschland nicht gibt. Die Cola wird in 1l- Bechern ausgeschenkt.

Wer lieber Meeresfrüchte bevorzugt, der kommt auch auf seine Kosten, denn rechts neben dem Haupteingang befindet sich ein Fischrestaurant mit allerlei Köstlichkeiten aus dem Meer. Alle Läden in der Senzo Mall haben feste Preise, was all diejenigen freuen wird, die nicht handeln wollen oder können. Zum Zwecke der Sicherheit wird man schon beim Eintritt in die Mall gescannt und die Taschen werden durchgesehen.

Im Spinneys Hypermarkt findet man von Lebensmitteln über Taschen, Kleidung und Wasserspielzeug bis hin zu Souvenirs alles, was man sich vorstellen kann. Selbstverständlich kann man dort auch Hygieneartikel, Windeln, Sonnenmilch und noch vieles mehr erwerben – und das alles zu erschwinglichen Preisen. Zwischen all den Süßigkeiten und Keksen verstecken sich auch einige deutsche Produkte. Aber Sie werden auch vieles entdecken, das man weder in Deutschland noch in Europa kennt. Die deutschen Produkte sind logischerweise etwas teurer als es hier bei uns der Fall ist. Untypisch für Urlauber ist es sicherlich, dass die Gewürze und Gewürzgurken in großen Fässern offenstehen. An der Kasse steht zusätzliches Personal, das die eingekauften Waren in Papiertüten einpackt. Das ist ein toller Service. Während man überall sonst in Euro bezahlen kann, benötigt man hier ägyptische Pfund. Diese kann man an einem der Geldautomaten wechseln, die sich sowohl am Eingang als auch im hinteren Bereich des Gebäudes befinden. Ein kleiner Tipp: Im hinteren Bereich ist es meistens nicht so voll wie vorne am Eingang.

Außerdem gibt es in der Senzo Mall einen Süßigkeitenstand, der auch Frozen Joghurt sowie Mövenpick-Eis anbietet. In einer weiteren Eisdiele gibt es coole Freakshakes und exotische Eissorten wie Käsekuchen oder Spekulatius, die man auf Nachfrage auch probieren darf. Bekleidungsgeschäfte verkaufen eher europäische Mode und in Sportgeschäften findet man alles, was zum Schwimmen und Tauchen benötigt wird, aber auch Turnschuhe und Bekleidung von bekannten Sportmarken.

Im hinteren Teil der Senzo Mall gibt es eine große Spielhalle für Kinder und Erwachsene. Gegen Geld bekommt man Chips, mit denen man Spiele an den verschiedenen Automaten spielen kann. Für die Punkte gibt es kleine Prämien. Für jüngere Kinder gibt es Fahrgeschäfte, wie zum Beispiel einen Freifallturm, der etwa fünf Meter hoch ist, Elektroautos oder eine sich drehende Schaukel. Ältere Kinder und Erwachsene sollten auch in den oberen Teil der Halle gehen. Dort gibt es ein 5D-Kino mit wackelnden Sitzen, Wind, Wasser und weiteren Effekten. Es gibt Filme für jedes Alter und in jeder Sprache, die meisten sind jedoch nur mit Musik. Thematisch wird vieles angeboten: das Leben einer Schildkröte, ein heimgesuchtes Haus oder eine Achterbahn.

DIE PROMENADE

Wer es lieber etwas einheimischer mag, der geht an eine Promenade. Dort befinden sich die verschiedensten Arten von Läden nebeneinander. Von allen Seiten hört man ein „Kommen Sie! Nur gucken! Nur gucken!", wobei es natürlich nicht bleiben soll. In den vielen Modegeschäften findet man günstig neue Kleidung. Es gibt typische Strandkleider, oft aus ägyptischer Baumwolle in vielen bunten Farben. Natürlich gibt es auch gefälschte Mode von großen

Marken wie beispielsweise Gucci, Converse, Calvin Klein, Giorgio Armani, Tommy Hilfiger, Philipp Plein und Camp David. Dennoch haben viele der Sachen eine gute Qualität. In den Läden gibt es keine Umkleidekabinen, wie man es aus Deutschland kennt. Doch viele Läden haben eine kleine Ecke mit einem Vorhang abgetrennt und dahinter kann man die Kleidung anprobieren. Man sollte sich die Waren vor dem Kauf gut anschauen und insbesondere auf abstehende Fäden oder Verarbeitungsfehler achten.

Wenn man doch ein etwas fehlerhaftes Teil nimmt, kann einem das bei der Preisverhandlung helfen. Auch mehrere Teile zu kaufen, kann den Kaufpreis drücken. Grundsätzlich muss man in diesen Läden immer verhandeln und sollte den Preis daher tiefer ansetzen. Es ist sinnvoll, die Hälfte des vom Verkäufer genannten Preises zu bieten, denn man wird sich zum Schluss in der Mitte treffen. Wenn sich der Verkäufer darauf nicht einlassen möchte, kann man den Laden erst mal verlassen. Die Verkäufer kommen in diesem Fall meistens hinterher und gehen mit dem Preis noch etwas runter. Die Verkäufer sind auf die Einnahmen angewiesen, denn sie erhalten keinen Stundenlohn, sondern nur

Provision vom Umsatz.

Das ist auch der Grund, weshalb man vor den Läden von den Verkäufern angesprochen wird. Wenn man ein teureres Produkt kaufen möchte, dann sollte man dies nicht sofort tun, sondern lieber häufiger mal in den Laden gehen. So baut sich eine Freundschaftsbasis mit dem Verkäufer auf und kurz vor Ende des Urlaubs bekommt man meistens das Produkt zu einem wesentlich günstigeren Preis. Gerade Parfümverkäufer holen einen gern in ihren Laden und bitten dann darum, ins Gästebuch zu schreiben, damit sie gute Bewertungen von Deutschen vorzeigen können.

Natürlich gibt es an der Promenade noch mehr als nur Kleidung und Parfüm. Es gibt zum Beispiel Apotheken, Elektronikgeschäfte, Taschen und Koffer, Souvenirs, Papyrusläden und Ausflugszentren. In vielen Läden findet man arabische Süßigkeiten, Obst, Getränke und auch Dinge, die man aus Deutschland kennt, beispielsweise bestimmte Chips- und Kekssorten. Auch Schmuck und Uhren findet man zu Genüge. Wer noch ein Schnorchelset, Aquaschuhe oder neue Sandalen braucht, wird dort sicher fündig.

In vielen Läden gibt es losen Tee und Gewürze in vielen Variationen.

SOUVENIRS

Natürlich gibt es auch eine große Vielfalt an Souvenirs zu bestaunen und zu kaufen: Magnete, Kuscheltiere, Schlüsselanhänger und Figuren, die man sich hinstellen kann, sind nur einige der angebotenen Dinge. Kleine Wunderlampen erinnern an Märchen aus Tausend und einer Nacht. Beim Kauf von Büchern, beispielsweise über das Rote Meer, sollte man vor dem Kauf hineinschauen, denn manche Bücher sind in einem schlechten Deutsch geschrieben. Ein besonders schönes Mitbringsel sind hellgrüne Figuren aus Epoxidharz. Sie leuchten im Dunkeln und es gibt sie in allen bekannten Formen: als Pyramiden, als Sphinx, als Pharaokopf, als Kamel...

Wenn man schon einmal in Ägypten ist, sollte man sich einen typisch ägyptischen Glücksbringer mitbringen: den Skarabäus. Man glaubte früher, er entstehe ohne Fortpflanzung, weshalb er für die Schöpferkraft stand. Er wurde mit den Göttern in Verbindung gebracht und genau wie diese wurde er verehrt. Diese Käfer kündigten den Ägyptern früher an, dass das Nilwasser bald wieder steigen und den für die Ernte wichtigen Schlamm bringen würde, weshalb er als Glücksbringer angesehen wurde. Man findet ihn in den verschiedensten Formen: als Epoxidharzfigur, als kleinen Stein und in Schmuck verpackt. Oft gibt es kleine Skarabäen als Gastgeschenke oder Zusatz bei der Verhandlung.

Sehr beliebt ist auch Papyrus. Kleine Geschenke sind zum Beispiel der eigene Name in arabischer Schrift auf einem kleinen Stück Papyrus. Es gibt natürlich viele bekannte ägyptische Motive auf Papyrus, einige leuchten sogar im Dunkeln. Zum besseren Transport werden sie oft zusammengerollt in runden Versandhülsen verkauft. Besondere Vorsicht sollte man bei Papyrushändlern walten lassen, die ihre Papyrusbilder über einem Arm gelegt auf der Straße anbieten. Es gab schon Vorfälle, bei denen mit den Bildern die Taschen von Touristen verdeckt und dann Wertsachen aus den Taschen entwendet wurden.

An vielen Stellen in den Hotels, am Strand oder an der Promenade findet man Stände, in denen Gläser mit buntem Sand verkauft werden. Auf Wunsch werden dort auch personalisierte Gläser mit dem eigenen Namen, dem Datum, mit Herzen, Kamelen oder einer untergehenden Sonne angefertigt. Sogar Motive bekannter Fußballvereine kann man oft finden. Personalisierte Mitbringsel sind zum Beispiel auch abgezeichnete Fotos, die Zeichner in vielen Hotels realistisch oder als Karikatur gestalten. In der Senzo Mall und auch in vielen Anlagen gibt es Künstler, die den eigenen Namen in Buchstaben aus Kamelen, Delphinen und weiteren ägyptischen Symbolen malen.

DIE DOWNTOWN MÄRKTE

Ein Besuch der beiden Downtown Märkte in Hurghada lohnt sich immer. Es gibt einen neueren im Stadtteil Sarkala, der durch die vorherrschenden Einflüsse in der Region eher touristisch ausgelegt und teurer ist. Der alte Markt in Dahar ist dagegen günstiger und traditioneller. Dort findet man frisches Obst und Gemüse zu günstigen Preisen und eine wundervolle Atmosphäre, bei der man das Leben der Einheimischen kennenlernt. Auch der Fleisch- und Fischmarkt ist sehenswert, jedoch nichts für schwache Nerven, da dort lebende Tiere geschlachtet werden. Auch immer mehr Souvenirhändler finden sich auf beiden Märkten ein.

Auf den traditionellen Bazaren ist Feilschen und Handeln Pflicht. Besonders schön ist es übrigens abends in Dahar, wenn man sich die Aldahaar Moschee, die größte in Hurghada, beleuchtet ansehen kann. Die zwei weißen Minarette sind schon aus der Entfernung zu sehen und sie geben dem ganzen Ort eine mystische Atmosphäre.

Essen

Die meisten Hotels bieten All Inclusive an, weshalb es eher ungewöhnlich ist, außerhalb des Hotels essen zu gehen. Wer es dennoch möchte, findet in der Nähe der Hotels Fischrestaurants und Pizzerien. In der Senzo Mall gibt es neben den vorher genannten Restaurants noch ein Café und Restaurant, die sehr europäisch orientierte Speisen anbieten.

Das Frühstück in den Hotels ist oft sehr vielseitig. Bei den Pickalbatros-Hotels gibt es alles, was das Herz begehrt: Toast, Brötchen, Brot und Croissants mit vielen verschiedenen Aufstrichen, Wurst und

Käse. Frisches Obst oder Haferflocken kann man sich in den Joghurt mischen und Cornflakes mit Milch dürfen natürlich auch nicht fehlen. Zum Trinken gibt es Kaffee, Tee, Kakao, Milch oder frischgepresste Säfte. Typisch englische Bohnen und Würstchen findet man genauso wie Rührei oder Omelette. In jedem guten Hotel in Ägypten gibt es Pfannkuchen. Man kann live dabei zusehen, wie sie auf einer heißen Herdplatte zubereitet werden. Sogar Kuchen und Kekse gibt es schon morgens. In den Pickalbatros-Hotels gibt es oft auch köstliche Donuts, die ebenfalls frisch zubereitet werden. Während das reguläre Frühstück meistens bis 10:00 Uhr angeboten wird, gibt es zusätzlich ein Langschläfer-Frühstück bis 11:00 Uhr.

Mittags gibt es an den Bars oft schnelle Gerichte wie Pommes, Burger, Hotdogs, Chicken Nuggets oder Pizza. Der Vorteil ist, dass man an diese Bars auch in Badekleidung gehen kann, während die Restaurants, die auch mittags geöffnet sind, Bekleidungs- und Schuhpflicht haben. In den Restaurants gibt es mittags die gleiche Auswahl wie abends. Da es in Ägypten sehr heiß ist, isst man zum Mittagessen eher etwas Leichtes und nimmt abends die größte Mahlzeit zu sich.

Daher ist es beim Abendessen oft sehr voll und man hat unter Umständen (meistens in den Ferienzeiten) Probleme, einen Tisch zu bekommen. Im Hochsommer sitzen viele Menschen aufgrund der Hitze lieber in den Restaurants und ansonsten eher draußen. Die Auswahl an Speisen bietet für jeden etwas. Es gibt viele verschiedene Nudelgerichte, Pommes, Reis, Pizza, Salate, Obst, Brot, Meeresfrüchte, Suppen und die ausgefallensten Fleischgerichte. Wo sonst wird live ein ganzes Kamelbein über offenem Feuer gegrillt? Oder gar eine ganze Gazelle? Es gibt auch immer typisch deutsche Gerichte wie Kartoffeln, Spinat, Senfeier, Rotkohl, etc.

Natürlich darf auch ein gutes Dessert nicht fehlen. Neben Eis gibt es oft Pudding, Joghurt oder Quark, angerichtet in hübschen Schälchen. Auch viele Kuchen und Gebäcke gibt es, die schön dekoriert sind. Frische Früchte findet man an jeder Ecke. Zu besonderen Anlässen sind diese sogar geschnitzt, zu Ostern beispielsweise als kleine Hasen. Große Skulpturen aus weißer und brauner Schokolade dekorieren dann den Desserttisch. Wer seinen Geburtstag während des Aufenthalts in einem der

Hotels feiert, bekommt eine Torte, ein Ständchen von den Kellnern und zum Abendessen einen nett gedeckten Tisch.

Allgemein ist das Essen in Hurghada in vielen der Hotels großartig, ob Buffet oder à la carte. Anders als in Deutschland gibt es in Ägypten kein Schweinefleisch, da es ein islamisches Land ist, Burger-Pattis oder Würstchen sind meist aus Rindfleisch. Dennoch gibt es in den Hotels Alkohol, in den Läden jedoch nicht. Das Leitungswasser in Ägypten sollte man nicht trinken, lediglich zum Duschen und Waschen ist es geeignet. Zum Zähneputzen kann man das Wasser aus den kleinen Trinkflaschen auf dem Zimmer verwenden. Vorsichtig sollte man deshalb auch mit dem Verzehr von Salaten sein, da diese in einigen Hotels mit Leitungswasser gewaschen werden. Und auch bei Eiswürfeln ist Vorsicht geboten.

Zum Abschluss ...

Ägypten und insbesondere Hurghada ist auf jeden Fall eine Reise wert und hoffentlich hat dieser Ratgeber Ihnen geholfen, sich auf einen wunderschönen Urlaub vorzubereiten.

Viel Spaß beim Reisen!

Herstellung und Verlag:
BoD – Books on Demand, Norderstedt
ISBN: 9783751993357

© Anita Brauer 2020
1. Auflage
Kontakt: Psiana eCom UG/ Berumer Str. 44/ 26844 Jemgum
Covergestaltung: Fenna Larsson
Coverfoto: depositphotos.com